당신의 연애는 몇 시인가요

당신의 연애는 몇 시인가요

초판 1쇄 발행 | 2021년 6월 24일

지은이 | 강인한
발행인 | 장문정
발행처 | 문예바다
       등록번호 | 105-03-77241
       주소 | 서울 종로구 삼일대로 30길, 21(종로오피스텔) 611호
       전화 02) 744-2208
       메일 qmyes@naver.com

ⓒ 강인한, 2021. Printed in Seoul, Korea

ISBN 979-11-6115-131-1(02810)

* 이 책의 판권은 지은이와 출판사에 있습니다.
  양측의 서면 동의 없는 무단복제를 금합니다.

문예바다 서정시선집 2

당신의 연애는
몇 시인가요

강인한

문예바다

| 시인의 말 |

시는 언어의 보석이다.
그 속에서 빛나는 것은 시인의 영혼이다.

나의 종교는 시다.

2021년 6월
강인한

차례 | 당신의 연애는 몇 시인가요

시인의 말　　　　　　　　　　　　　5

제1부 능소화를 피운 담쟁이

당신의 연애는 몇 시인가요　　　　12
오페라의 유령　　　　　　　　　　14
빈 손의 기억　　　　　　　　　　　16
브릭스달의 빙하　　　　　　　　　18
죽은 나무를 위한 아르페지오　　　20
우렁각시　　　　　　　　　　　　　23
점화　　　　　　　　　　　　　　　24
장미의 독　　　　　　　　　　　　26
능소화를 피운 담쟁이　　　　　　　28
사랑의 기쁨　　　　　　　　　　　30
아무도 기다리지 않았다　　　　　　32
철길의 유령　　　　　　　　　　　34
자작나무 숲　　　　　　　　　　　36
늦은 봄날　　　　　　　　　　　　37

제2부 유리창에 구르는 빗방울

귓밥 파기	40
보랏빛 남쪽	41
가을의 차	42
분수	44
율리의 초상	46
등불	49
나비 환상	50
풀잎에 쓴 시	52
유리창에 구르는 빗방울	54
얼룩	56
바다를 위한 베리에이션	57
어떤 사랑 이야기	58
물결 노래	60

제3부 우리가 만나자는 약속은

대문에 태극기를 달고 싶은 날	62
연애통화	64
지상의 봄	66
봄 회상	68
우물 속으로	70
잠들기 전에 눈물이	72
물소리가 그대를 부를 때	74
강변북로	76
우리가 만나자는 약속은	78
물속 풍경	80
해 지는 곳으로 가서	82
겨울밤의 꿈	83
토파즈빌 통신	84
호텔 베네치아	86

제4부 유턴을 하는 동안

사과의 시간	90
유턴을 하는 동안	92
당신 가슴의 서랍엔	94
꿈꾸는 돌	96
내 손에 남은 봄	98
비의 향기	100
입술	101
마리안느 페이스풀	102
입맞춤 혹은 상처	105
그늘의 조건	106
두 개의 인상	108
물 위의 오필리아 2	110
희게 말하고 희게 웃는다	112
서정抒情을 향하다 • 끝없는 도전의 시절	115

제1부
능소화를 피운 담쟁이

당신의 연애는 몇 시인가요

이른 아침 갓 구운 핑크의 냄새,
골목길에서 마주친 깜찍하고 상큼한 민트 향은
리본으로 치장한 케이크 상자처럼 궁금한 감정이어요.

초보에게 딱 맞는 체리핑크는
오전 열 시에 구워져 나오지요.
십대들이 많이 구매하지만 놀라지 마셔요, 때로는
삼사십대 아저씨가 뒷문으로 들어와 찾을 때도 있어요.

육질 좋은 선홍색의 연애는
오후 두 시 이후에 뜨거운 오븐을 열고 나와요.
구릿빛 그을린 사내가 옆구리에 낀 서핑보드
질척거리는 파도 사이 생크림 같은 흰 거품은 덤이지요.

아무래도 못 잊는 블루,
그중에서도 뒷맛이 아련해 다시 찾는 코발트블루는
땅거미 질 무렵 산책로에 숨었다가 튀쳐나오기도 하지만요.

가장 멋들어진 연애는 한밤의 트라이앵글,
꼬리에 꼬리를 물고 토라지는 삼각관계로 구워 내
당신의 눈물에 찍어 먹는 간간한 마늘빵 그 맛이지요.

오페라의 유령

노래의 날개 위에 극장이 있고
도취의 하늘이 거기 떠 있었다.

내 사랑의 깊이는 지옥보다 깊어서
오, 두려워라
저 푸른 심연을 소라고둥처럼 내려가고
내려가면 거울의 방
소용돌이 속에 떴다 가라앉고
가라앉았다가 다시 떠오르는 섬이 있었다.

갈채는 거미줄이 되어
샹들리에를 휘감아 흔들더니
심장이 터질 듯 슬픈 날이었다.
우레처럼 떨어져 산산조각이 난 샹들리에
죽음의 오페라는 막을 올리고

나는 가면을 벗을 수 없었다.
눈부신 삶을 노래하는
디바의 발치에 무릎 꿇고
절망에 입 맞춘 내 입술로 지옥의 사랑을
하소연해도 부질없을 뿐.

이제 나의 노래는 어둠 속에
삐걱이는 층계와 벽 속에 숨어 있느니
그대가 바라보는 거울 뒤에 숨어 있느니
춤추며 노래하는 그대여.
그대의 발길을 희미한 꿈결로 따라갈 뿐
그림자처럼 거미줄처럼.

빈 손의 기억

내가 가만히 손에 집어 든 이 돌을
낳은 것은 강물이었으리.
둥글고 납작한 이 돌에서 어떤 마음이 읽힌다.
견고한 어둠 속에서 파닥거리는
알 수 없는 비상의 힘을 나는 느낀다.
내 손 안에서 숨 쉬는 알,
둥우리에서 막 꺼낸 피 묻은 달걀처럼
이 속에서 눈뜨는 보석 같은 빛과 팽팽한 힘이
내 혈관을 타고 심장에 전해 온다.
왼팔을 창처럼 길게 뻗어 건너편 언덕을 향하고
오른손을 잠시 굽혔다가
힘껏 내쏘면
수면은 가볍게 돌을 튕기고 튕기고 또 튕긴다.
보라, 흐르는 물 위에 번개 치듯
꽃이 핀다, 핀다, 핀다.
돌에 입술을 대는 강물이여

차갑고 짧은 입맞춤
수정으로 피는 허무의 꽃송이여.
내 손에서 날아간 돌의 의지가
피워 내는 저 아름다운 물의 언어를
나는 알지 못한다.
빈 손아귀에 잠시 머물렀던 돌을 기억할 뿐.

브릭스달의 빙하

설레는 오로라 때문일까요,
잠이 오지 않아요.
빙하를 보았지요. 푸른빛이 눈을 찔러요.
브릭스달의 빙하, 저 높은 이마를 가진 빙하도
이제 많이 늙었어요.
눈꺼풀이 무겁지만 잠이 올 것 같지 않아요.
내 나이 열일곱에 만난 당신
그때 만난 당신은 늠름한 청년이었지요.
이제 나도 마흔을 넘겼어요,
빙하의 푸른빛이 온통 내 눈으로 흘러드나 봐요.
어젯밤 우리들의 딸이
저희 반 남학생이랑 함께 지낸 걸 알아요.
빙하가 우레처럼 울고 난 뒤
피오르드로 한꺼번에 떨어지는 얼음 덩어리,
단숨에 벌어지고 쪼개지는 그게 우리네 삶인 걸요.

오늘 새벽 그 사내애를 만났어요. 화가 나서
따귀를 때리고 싶었지만, 당신의 서늘한 눈빛이 생각났어요.
저 빙하의 푸른빛이 산골짜기마다 넘쳐요.
이렇게 많은 푸른빛에 싸여서
나는 언젠가 눈이 멀 거예요.
당신이랑 작은 보트를 빌려 타고
피오르드에서 송어를 낚던 지난여름이 생각나요.
흥정도 없고 덤도 없는 세상.
이제 알아요. 나는 푸른빛에 둘러싸여서
머지않아 눈이 멀 거예요.
아름다운 브릭스달의 빙하도 언젠가는 폭포로
폭포 아래의 호수로 모두 다 풀어질 거예요.
내일 아침엔 노란 튤립 화분을 주방 창틀에 내놓겠어요.
아픔 반 기쁨 반, 딸애도 알게 되겠지요.
해가 없는 여섯 달, 해가 지지 않는 여섯 달
아이들은 알게 될 거예요.
블루베리는 보랏빛으로 익어 가고
월귤 열매는 빨갛게 익어 가는 것을.

죽은 나무를 위한 아르페지오

흐르는 저 물길 위에 그대 욕망의 물결이 베일처럼
가벼이 흔들리는 게 보이는가, 술탄이여.
죽은 자들의 그림자 우쭐거리는 밤마다 죄를 머금은
이슬은 사이프러스의 촉수 끝끝마다 별빛을 끌어내
린다.

장미꽃이 초록빛 작은 입술을 내밀어 관능의 목을
축이는 밤마다
인간의 슬픈 기원이 들린다. 방울방울
젊은 목숨들 잦아진 곳,

한때는 소리 없이 밤새처럼 한 쌍의 그림자 스며들어
죽음도 무릅쓰는 사랑에 기뻤으매
비단바람이 어루만져 나뭇잎을 환희에 떨게 하였으며
생명의 음률을 스스로 읊으며 분수가 뿜어져 나오게
하였는데

금기를 범하여 처단된 술탄의 여인,
　그 사랑하는 병사와 더불어 목이 걸렸고
　저들에게 밀회의 장소를 제공한 죄로 나는 뿌리를 잘렸다.
　처형의 전말을 목격한 죄로 나는 가지를 잘렸다.

　죽어서 이루지 못한
　슬픔으로 피는 꽃들의 이름을 아아, 나는 모른다.
　그 밤의 천둥 속에서 소스라치던 내 이름도 잊고
　몇 백 년 물길은 흘러서
　이제는 시간의 흐름도 잊었으니.

　불꽃처럼 붉은 혀를 날름거리며 먼 데서 깊은 밤 사자들이 배회하고
　설화석고 흰 돌에 얼굴을 비추는 벙어리, 물의 정령들이
　아래로 아래로 흘러가며 아라베스크의 춤을 출 때면
　횃불에 비친 궁전의 벽은 핏빛으로 어룽지고 있거늘, 술탄이여.

나는 다만 눈뜬 채 영원히 사라지지 못하는 한 개 나무토막,
이 깊은 성안에서 잠 못 드는 영혼들 하염없는 손짓을 기억할 뿐
한 그루 죽은 나무로 나는 여기
불멸의 사랑을 증언하기 위해 알함브라의 정원에 서 있느니.

우렁각시

부엌 아궁이 곁에 쭈그리고 앉아 있었다.
가여운 젖가슴을 다 드러낸 채
그냥 울고 있었다.
어머니, 이 애 쫓아내지 마셔요.

하염없는 눈물에 타닥타닥 솔가리
매운 불티가 비치고.
자다가 쫓겨 왔다고 했다.
시오리 밤길을 맨발로 쫓겨 왔다고 했다.

솔방울처럼 작은 몸 웅크려
떨고 있는 여자,
조붓한 어깨가 슬픈 순이
꿈에 너를 보았다.

점화

인화지에 웃음이 스며들기 직전의
여자
눈빛이 주위의 풍경을 빨아들인다.
거기에 모른 척 빨려든 적이 있다.

흰 바탕에 파란 체크무늬 원피스 산뜻한
오전 한때
깨끗한 기쁨을 손으로 까서 내 입에 넣어 준다.
박하향이 날 것 같은,
아이스크림 같은 구름의 오월.

우리들 곁으로 둘씩 둘씩
손잡고 팔랑거리는 노란 유치원생들.
얕은 하늘에 나직이 떠서
새는 왜가리,
아랫도릴 벗고 알몸으로 날아가는 왜가리.

열쇠를 꽂아 시동을 걸며
'삽입!'
가벼운 파열음을 비눗방울처럼 띄우며 웃던
여자,
목을 맨 게 겨울이었다.

목덜미 아래로 가늘고 흰 손가락이 흘러
진초록에 금빛 네일아트가 빛났는데
여자의 몸속에는
세찬 여울이 있었나 보다.

카네이션 두 송이 쓸쓸한 납골함 주변에
잔인한 시간을 호명하는 바람소리.
'삽입!'
분홍 입술의 파열음, 시든 꽃의 셀로판지가
투명한 소리를 낸다.

장미의 독

건드리지 마,
붉은 외마디가 터져 나온다.
뭉쳐진 대기가 한순간 살의를 머금고
꽈리처럼 부풀어 오른다.

내가 마련한 것은 독毒이었다.
저 유월의 태양에서 얻어 온 유황불의 뜨거움과
뿌리에서 길어 올린 몇 그램의 치명적인 잠
나는 살이 여위고
희생에 대한 그리움으로 잠을 못 이룬다.

하늘을 향해 열린 나의 자궁에서 뿜어져 나오는 것은
그러므로 당신을 죽이고 내가 다시 태어나기 위한
오랜 종種의 기억,
이 기억 속에 번져 가는 유혹의 향기를

나는 거두지 않으리.

뾰족하게 치켜든 내 손톱의
저주를 잊지 말라 내 손을 움켜쥐는 자
나는 그대의 피를 원한다.
혹여 내 입술에 그대의 눈꺼풀이 스칠지라도
나는 그대를 실명시키고야 말리라.
아니 내 증오의 독은
바다로 빨려드는 강물처럼
펄떡이는 그대의 심장에 흘러들어 온몸의 혈관에
번제燔祭의 새빨간 독을 풀어 넣을지니.

헛된 아름다움을 취하는 그대
나는 그대에게 한 목숨을 청구한다.
도취의 꿈에 눈멀어 내 손톱에 할퀴는 순간
그대는 나와 하나가 되는 것, 두려워 말라.
연옥의 불길에 닿아 있는 나의 사랑을
두려워 말라 검붉은 강물 속으로 우리 함께 흐르는 것을.

능소화를 피운 담쟁이

뜨겁게 데워진 돌벽 위에 손을 내밀었다
담쟁이의 망설임이 허공에서 파문을 만들었다
파란 물살에 문득 누군가의 마음이 걸렸다.

능소화였다
먼저 키를 늘이는 담쟁이를 보고
봄부터 여름까지의 거리를 능소화는 헤아려 보았다
담쟁이가 가녀린 허리를 가만히 내주었다.

능소화는 담쟁이 허리를 껴안고 기어올라
한 덩어리 푸른 불길이 되어 그들은 타올랐다
사나운 비바람이 담쟁이를 흔들자
능소화도 담쟁이도 함께 흔들렸다
담쟁이는 제 가슴에 붉고 커다란 꽃송이들이 자랑스러웠다.

지열이 아지랑이로 피어오르는 여름날
목을 꺾고 꽃이 떨어졌다
안아 주고 몸을 빌려 준 마음을 알았으므로
능소화는 한두 송이 꽃이 져도, 꽃이 져도 좋았다.

사랑의 기쁨*

목이 마르다고 했다
너는 몹시 두려워하며 물을 움켜쥐었다
저 언덕 너머 뒤쫓아 오는 추격자들의
발자국 소리가 들린 것 같다
고 너는 말했다.

나는 네 손바닥 위에 한 움큼의 물을 보태었다
떨리는 너의 손가락 사이로
물은 금방 새나가는 것이었다
모래언덕 위로 회오리바람이 일었다.

한 모금을 겨우 목구멍으로 넘기는 너를
바라보고 있었다
고개를 돌려 바라보았다 번개같이
내려진 기요틴의 칼날 아래
눈뜬 채 웃고 있는 내 머리가 뒹굴었다.

내 눈에 맺힌
물방울 하나에 너의 모습이 비쳤다.

* 사랑의 기쁨 : 마르티니 작곡의 음악.

아무도 기다리지 않았다

일리야 레핀의 그림 속으로 눈을 털고
낡은 외투 뼈아픈 세월을 털고
검정 모자를 벗어 든 저이!
깜짝 놀란 건 의자였다, 딸꾹질처럼 피아노가 멎고

아무도 기다리지 않는 잿빛 시간 속으로
가뭇없이 눈이 내렸다.

미술관 유리창 밖으로도 먹먹한 눈이 내리고
당신은 내 곁에 앉아 있었다, 참새처럼
러시아의 눈 내린 광장에 새 발자국을 쿡쿡 찍고
백 년 전 가난한 사람들이
손 흔들며 흩어지는 모습을 우리는 보았다.

사랑한다는 것은
오래 쌓인 눈의 무게를 마음에 달아 저울질하며

더운 커피를 번갈아 마시는 것,
타고 온 마차를 돌려보내고
돌아가는 바퀴소리에 옛날의 아픔을 실어 보내는 것

녹기 시작한 층계에 다시 눈이 내려
서로서로 꼭 붙들고 층계를 밟는 건 즐거운 일,
반짝반짝 빛나는 음악
날리는 벚꽃 사이로 한 줄씩 섞여들었다.

철길의 유령

이리裡里에서 오산五山까지 3.4킬로미터
나도 걸을 만한 거리였다.
자갈 많은 신작로엔 미루나무들이 그림붓처럼 서 있었다.

밤에도 걸을 수 있는
이리에서 오산까지 철길이 좋았다.
콜타르 칠한 침목은 또박또박 내 걸음에 응답해 주고
6학년의 밤길에 레일은 내 동무였다.

눈보라가 얼굴을 때리고 때리며
조개탄 같은 자갈들이 침목과 침목 사이에서 비죽거릴 때
문득 뒤돌아본 내 눈앞에
시커먼 미카!
눈보라 속을 집어삼킬 듯 달려들었다.

그때 나는 열두 살,
지금의 나는
예순 해도 전 그 겨울밤 철길을 걷는 유령인지 모른다.

자작나무 숲

자작나무 숲에는 바람들이 산다.

꼬막 같은 손으로 입을 가리고 웃는
작은 아씨들
날씬한 허리가 휘어지며 자지러지는
자작나무 숲에
눈이 동그란 새, 바람의 딸들을 불러와
간지럼을 모아서 한꺼번에 터뜨려 놓고 달아난다.

자작나무 우듬지의 흰 속살
사랑스런 내력을 더듬거리다가
나는 눈 딱 감고 자작나무 속으로 들어간다.

늦은 봄날

간장 항아리 위에
둥근 하늘이 내려오고
매지구름 한 장
떴다가
지나가듯이,

어디 아프지는 않은지
가끔은 내 생각도 하는지.

늦은 봄날 저녁
먼 그대의 집 유리창에
슬며시 얹히는 놀빛
모닥불로 피었다가
스러지듯이,

제2부
유리창에 구르는 빗방울

귓밥 파기

나는 아내의 귓밥을 판다.
채광가採鑛家처럼 은근히
나는 아내의 귓구멍 속에서
도란거리는 첫사랑의 말씀을 캔다.
더 멀리로는 나에 대한 애정이 파묻혀 있는
어여쁜 구멍
아내의 처녀 적 소문을
들여다보다가
슬며시 나는 그것들을 불어 버린다.
아, 한숨에 꺼져 버리는
고운 여인의 은銀 부스러기 같은 추억.

보랏빛 남쪽

오랜 가뭄 끝에 내리는 비는
싱싱한 초록이다.

보랏빛 남쪽
하늘을 끌어다 토란잎에 앉은
청개구리.

한 소쿠리 감자를 쪄 내온
아내 곁에
졸음이 나비처럼 곱다.

가을의 차

작은 바람 하나가
티 테이블 위에 내린다.
어디선가 본 듯한
눈썹 하나 나를 바라본다.

우리, 바다에 가요
그 넓은 곳으로 가고 말아요.

귀에 익은 음악이
바람보다 가볍게 먼 바다로 나간다.

먼 곳으로
아주 먼 곳으로 가요.

우리는 어쩌다 바람이었고
거리에 떨어지는 은실의 빗방울이었다.

작은 만남에도
하루 종일 반짝이던 그때 우리는.

분수

1

수련의 뺨을 간질이며
물방울이 미끄러진다.
내 이마를 떠났던 지난날의 햇살들이
은빛 활자처럼 마당에서 뛰어논다.
사랑은 이제 왼쪽으로
사랑은 이제 오른쪽으로
내 여름의 파란 휴식을 금붕어가 헤엄치고 있다.

2

현악의 바람이 분다.
그대 눈썹 끝에서 내 이름은 가만가만 불린다.
조약돌의 귀를 어루만지며

빛의 따님들은 재깔거린다.
그대 가슴 안에서 나는 흩어지고 싶어라.
사랑보다 높게
더러는 사랑보다 낮게.

율리의 초상

의사의 딸 율리,
여학교 때 반장을 하던 단발머리
촉촉하게 젖는 오월의 밤이슬에
외로울 때 맺히곤 했다.
내 싱거운 이야기에 곧잘 웃고
내 비겁한 이야기에도 곧잘 끄덕이고
항상 눈이 흰 겨울을 살고 싶다는 율리,
네 따스한 손바닥에
내 작은 생애를 얹어 보고 싶었다.
때때로 술에 취하면 화가 나서
난폭하게 편지를 쓰고
마리안느의 사슴처럼 장밋빛의 피 흘리며*
네 곁에서 죽고 싶었다.
아카시아 향내가 네 눈에서는 풍겨
안타까운 너의 꿈을 찾아간
오월의 어느 날

그날 밤 거리에는 안개가 피어올라
네 피로스런 단발머리를 빗질하며 있었다.
율리, 너는 별이 뜨는 오렌지주스를 마셨고
불붙는 위티를 나는 마셨다.
깊은 밤 빨갛게 타는 불씨를 보며
네 순한 고집을 꺾어 버리고 싶었지만
그러나 율리,
떠나오는 내 여행은 언제나 비에 젖는다.
차창 밖으로 뿌려지는 산골짜기의 꽃 무데기
주정을 던지고 던지는 나에겐
적막하게 웃는 율리, 네가 보였다.
어머니의 가슴에 자줏빛 카네이션을 달아 드리고
돌아서 조용히 우는 내 착한 누이,
네가 지금 보인다.
저 먼 불빛이 영그는 풀잎 사이로
걸어가는 조붓한 어깨.
주일이면 까만 성경책 위에 얼굴을 묻고
자그마한 믿음이 흔들리지 않기를
오래 기도하는 율리,
네 작은 손바닥에 가만히

낙엽 같은 내 이름을 얹어 보고 싶었다.

*1954년 줄리앙 뒤비비에르 감독의 영화 〈나의 청춘 마리 안느〉

등불

밤물결이여.
밀감빛 노란 등불이
풍금소리처럼 새어나오는
눈 내린 골목길을
시리우스 별빛만 한
외로움이 간다.
지난가을 누이의 혼례식장에
가만히 켜졌던 작은 눈물
비늘로 반짝이며
오늘은 어느 집 창가에서
잠을 자려나
물결이여.
제 얼굴 밖에서 서성이는
겨울의 꿈이여.

나비 환상

어둠 속에 오래오래
우리는 떨어져 있었다.

이름 없는 아름다운 인과의
실이
나에게서 네게로
너에게서 내게로
감아지고 있을 때

꽃열이듯 피어오르는 요령부득의 문장 한 줄
그것은 사랑이었을거나.
만져 볼 수 없는 셀로판지의 날개가
우리들 늑골에서 돋아나고
아, 그것이 사랑이었을거나.

눈뜨지 않은 낱말들의

환한 꽃밭을
나비들이, 나비들이 날고 있다.

풀잎에 쓴 시

내 어린 사랑을 담아
맺히거라.

순한 새가 되어
네 어깨에 기대고 하루쯤
나는 울고 싶다.

바람이
네 고운 몸짓을 틔워 주고
들판을 가로질러
가쁜 저녁햇살과 만나서
반짝일 때

어둠 속에서
가만히 기쁨의 뿌리를 내어
나에게로 올 때

작은 풀잎이여.

유리창에 구르는 빗방울

내 어린 날
교정의 등나무 그늘에서
가만히 시계꽃을 채워 주던 작은 친구
아, 그때 구름은 한 다발 놀빛으로 고왔던 것을.

꽃은 시들고
그날의 구름은 비가 되어
내 우수憂愁의 창을 풀빛으로 말갛게 들이치네.

빗줄기를 타고 하늘에서 은어銀魚가 내려
우리들의 왕국 작은 뜨락에서 파닥이던
은빛 서늘한 기쁨,
오늘 내리는 빗속에서
눈물 글썽이며 그 은빛을 다시 보네.

살아가는 일이야

좋은 기억을 하나하나 잃어버리는 일
잊혀지고 남모르는
캄캄한 세상으로 흘려보내는 일.

챙이 큰 흰 모자를 쓰고
나비처럼 팔랑팔랑 달려오던 비 개인 햇살
내 두 눈을 뒤에서 가리던
풀꽃처럼 귀여운 이름,
어쩌다 꺼내 본 묵은 책갈피에
하얗게 떨리는 꽃 이파리로 끼어 있었네.
생각나지 않는 옛 노래로 숨어 있었네.

얼룩

빗방울 하나가
돌멩이 위에 떨어진다.
가만히 돌 속으로 걸어가는 비의 혼,
보이지 않는 얼룩 하나, 햇볕 아래
마른 돌멩이 위에서 지워진다.

어디서 왔을까, 네 이름은
내 가슴속에 젖어 물빛 반짝이다가
얼룩처럼 지워져 버린 네 이름은.

빗방울 하나가
돌멩이 위에 떨어진다.
내 한 생도 세상 속으로 떨어진다.
마른 돌멩이 위에서
내 삶의 한 끝이 가만히 지워진다.

바다를 위한 베리에이션

나부끼는 아폴론의 금빛 머리털에
어깨를 비비는 바다.

진초록 대지의 치맛자락에 몇 톤쯤
아이스크림의 차가운 구름을 쏟는
유월의 바다.

장미꽃과 장미꽃이 손잡고 떠 흐르다가
유리의 궁전 깊숙이
잠든 인어의 꿈을 붉게 물들이고

이윽고는
아내가 낀 반지의 슬픈 가장자리까지
떠오르는 그 장미의 바다.

어떤 사랑 이야기

스무 살 무렵
내 사랑은 설레는 금빛 노을이었다.

비가 내리고
눈이 쌓이고

서른 살 무렵
내 사랑은 희미한 꿈결 속을 뒤척이는
가랑잎이었다.

속절없는 바람이 불고
바람 위에 매운바람이 불고

인제 사랑은
삶보다 어렵고 한갓 쓸쓸할 뿐,

어느 쓰라린 어둠 속
한 덩이 빛나는 슬픔으로
내 사랑은 운석隕石처럼 묻혀 있을까.

물결 노래

가장 온전한 그리움으로
그대를 생각하기 위하여
이 어둠을 조용히 불렀거니.

어디만큼에서 목마른 손을 나누고
우리가 헤어졌을까.

오늘은 너무 멀리 떠나와
사랑도 깊이를 가늠할 수 없어라.

희미한 달무리로 번지는
내 옛날의 소중한 아픔

긁히고 부딪히는 자갈을 어루만지며
소리 없이 이 밤도 흘러가나니.

제3부 우리가 만나자는 약속은

대문에 태극기를 달고 싶은 날

포켓이 많이 달린 옷을
처음 입었을 때
나는 행복했지.
포켓에 가득가득 채울 만큼의
딱지도 보물도 없으면서
그때 나는 일곱 살이었네.

서랍이 많이 달린 책상을
내 것으로 물려받았을 때
나는 행복했지.
감춰야 할 비밀도 애인도
별로 없으면서
그때 나는 스물일곱 살이었네.

그리고 다시 십 년도 지나
방이 많은 집을 한 채

우리 집으로 처음 가졌을 때
나는 행복했지.
그 첫 번째의 집들이 날을 나는 지금도 기억해
태극기를 대문에 달고 싶을 만큼
철없이 행복했지.
그때 나는 쓸쓸히 중년을 넘고 있었네.

연애 통화

가을이면
금빛 동전을 짤랑거리는 노란 은행나무
둥치를 사이에 두고 만나기
만나서 손잡기
사랑하는 이여.

겨울이 오고 눈이 내리면
아, 끝없이 끝없이 눈이 내려서
집도 세상도 폭삭
눈에 파묻히게 되면
삽으로 눈 속에서 굴을 파기
너희 집에서 우리 집까지
굴을 뚫고 오가기.

그리고 사랑하는 이여
우리가 죽으면

무덤을 나란히 하고 누워
깜깜한 땅 속에서
드러누운 채로 팔을 뻗어
나무뿌리처럼 팔을 뻗어
서로 간지럽히기.

지상의 봄

별이 아름다운 건
걸어야 할 길이 있기 때문이다.

부서지고 망가지는 것들 위에
다시 집을 짓는
이 지상에서

보도블록 깨진 틈새로
어린 쑥이 돋아나고
언덕배기에 토끼풀은 바람보다 푸르다.

허물어 낸 집터에
밤이 내리면
집 없이 떠도는 자의 슬픔이
이슬로 빛나는 거기

고층건물의 음흉한 꿈을 안고
거대한 굴삭기 한 대
짐승처럼 잠들어 있어도

별이 아름다운 건
아직 피어야 할 꽃이 있기 때문이다.

봄 회상

찻물을 끓이며 생각느니
그리움도 한 스무 해쯤
까맣게 접었다가 다시 꺼내 보면
향 맑은 솔빛으로 내 안에서 우러날거나.

멀리서 아주 멀리서 바라보기엔
천지에 봄빛이 너무 부신 날,
이마에 손차양하고
속마음으로만 가늠했거니.

보이는 듯 마는 듯
묏등을 넘어 푸르릉푸르릉
금실을 풀며 꾀꼬리가 날아간 하늘.

누님의 과수원에
능금꽃 피던 날이었을거나.

능금꽃 지던 날이었을거나.

우물 속으로

우물 속으로 내려가 보았네.

가물고 가문 그해 여름의 복판에서
삼남의 논밭이 타들어 가고
머리칼을 세우던 두려움도 마르고
깊은 우물도 말라 가고 있었네,
감나무에 땡감이 퍼렇게 멍든 날.

썩은 동아줄도 없이
맨발로 내려갔네.
비죽거리는 우물벽돌이
내 손과 발을 더듬더듬 받아 주고
게걸음으로 버티며
어둠 속으로 내려갔네.

겨울밤에 들여다본 저 깊은 곳에는

처용의 얼굴 같은 것 처용의 웃음 같은 것
하얗게 일렁이더니,
댓 장 깊이의 우물 바닥에
마침내 맨발로 내려섰을 때,
구렁이 샘물이 눈을 뜨고 배시시
발등을 차갑게 어루만져 주었네.

죽은 모래와
사금파리와 칫솔이랑 건져서
한 두레박씩 퍼 올려 보내는
저 허망한 우물 밖에는
내가 벗어 놓은
스무 살의 여름 해가 소금으로 타고 있었네.

잠들기 전에 눈물이

그게 나이 탓일까,
잠들기 전 베개를 베고 잠시
나도 모르게
그냥 눈물이 나와.

오늘밤이 어쩌면 세상에서의
마지막 밤인 것처럼,
말없는 한순간의 기도
혼자 시드는 밤
둑길의 망초꽃.

잠들기 전 베개를 베고
귓가로 흘리는 눈물,
잊어서는 안 될 슬픔이
길섶 어딘가에서 피고 지는지
몰라.

맨발 벗은 슬픔이
이 밤에
멀어져 간 나를 부르며,
잠들기 전 한때 나를 적시는지도
몰라.

물소리가 그대를 부를 때

엊그제가 입동立冬이던가,
코트 깃을 세우며 퇴근하는 길
가까운 데서 물소리가 나를 불렀다.
이상하여라 골짜기도 보이지 않는데

누가 나를 부르는 걸까.
고개 돌려 바라보니
눈부신 노란 은행나무 곁
은사시나무가 물소리를 내고 있었다.

너무 오래 잊고 지내었구나,
뿌리 깊은 곳에서 길어 올린
한 줄기의 은빛 그리움이 스스로 깊어져서
바람에 볼 비비며
잎새마다 부서져 물소리를 내는 것을.

내가 잊고 있던 부끄러운 사랑도
뿌리 깊이 묻혀 있다가
어느 날, 문득
그대가 무심히 내다보는 유리창에
물소리로 물소리로 흐를 것인가.

강변북로

내 가슴의 동쪽에서 서쪽으로
달이 지나갔다.
강물을 일으켜 붓을 세운
저 달의 운필은 한 생을 적시고도 남으리.

이따금 새들이 떼 지어 강을 물고 날다가
힘에 부치고 꽃노을에 눈이 부셔
떨구고 갈 때가 많았다.

그리고 밤이면
검은 강은 입을 다물고 흘렀다.
강물이 달아나지 못하게
밤새껏 가로등이 금빛 못을 총총히 박았는데

부하의 총에 죽은 깡마른 군인이, 일찍이
이 강변에서 미소 지으며 쌍안경으로 쳐다보았느니

색색의 비행운이 얼크러지는 고공의 에어쇼,
강 하나를 정복하는 건 한 나라를 손에 쥐는 일.

그 더러운 허공을 아는지
슬몃슬몃 소름을 털며 나는 새들.

나는 그 강을 데려와 베란다 의자에 앉히고
술 한 잔 나누며
상한 비늘을 털어 주고 싶었다.

우리가 만나자는 약속은

사람 사는 일이란
오늘이 어제 같거니, 바람 부는 세상
저 아래 남녘 바다에 떠서
소금바람 속에 웃는 듯 조는 듯
소곤거리는 섬들.
시선이 가다 가다 걸음을 쉴 때쯤
백련사를 휘돌아 내려오는 동백나무들
산중턱에 모여 서서 겨울 눈을 생각하며
젖꼭지만 한 꽃망울들을 내미는데,
내일이나 모레 만나자는 약속
혹시 그 자리에 내가 없을지 네가 없을지
몰라, 우리가 만나게 될는지
지푸라기 같은 시간들이 발길을 막을는지도.
아니면 다음 달, 아니면 내년, 아니면 아니면
다음 세상에라도 우리는 만날 수 있겠지.
일찍 핀 동백은 그렇게 흰 눈 속에

툭툭 떨어지겠지,
떨어지겠지 단칼에 베어진 모가지처럼
선혈처럼 떨어지겠지.
천일각에서 담배 한 모금 생각 한 모금,
사람 사는 일이란
어제도 먼 옛날인 양 가물거리는
가물거리는 수평선, 그 위에 얹히는
저녁놀만 같아서.

물속 풍경

깊은숨 들이마신 다음
물속으로 자맥질해 보았지.
눈 부릅뜨고 물속 풍경을 보았지.
자갈을 간질이는 모래무지
꼬리지느러미로 사알살
물살에 모래를 끼얹는 것을,
냇물 속으로 참방참방 뛰어 들어오는
열다섯 살 빗살무늬 햇살,
자잘한 각시붕어와 피라미들이
내 새끼발가락을 깨물다가 환한 햇살을
뽀글뽀글 받아 읽는 소리 들렸지.
자갈과 자갈을 두 손으로 맞부딪치면
꿈결인 듯 울리는
은은한 목탁 소리,
햇빛이 물속에서 허리를 꺾듯이
소리도 물속에서 키를 낮추어

물길 따라 실타래로 흘러가고 있었지.

해 지는 곳으로 가서

해 지는 곳으로 가서
살고 싶다.
아들아,
우물에서 냉수 한 바가지
벌컥벌컥 마시고
잎 진 감나무 한 그루를
활활 태우고 넘어가는
저녁놀 속에
나도 잎 진 감나무 한 그루로
서고 싶다.
해 지는 곳에서
꿈같은 그리움을 비비며
하룻밤인 듯 남은 목숨을 태워
거기서 살고 싶다.

겨울밤의 꿈

겨울밤 잠이 들면
그대 귓가로 흘러나오는 금빛
꿈의 요정들,

아름다운 삼화음의 꽃송이를
물결에
물결에 실어 떠내려 보내네.

비눗방울 속
동그란 세상에 들어가 웅크린
나의 추억을 여는 그대,
그대 흰 손이 보이네.

토파즈빌 통신

주방의 쪽창에 비치는 풍경이 덜컹거린다.
토파즈빌 114동과 토파즈빌 115동
저 두 개의 건물 사이 옹색한 얼굴로 산이 끼여 있고
직사각형으로 잘려진 사계가 지나간다.
나는 설거지하는 아내의 어깨 너머로
눈 내리는 겨울을 보았고,
색맹검사처럼 어지러운 눈발 속
모든 새의 이륙과 착륙이 금지된 것을 알았다.
비가 오는 날에는 느티나무가 내려다보는 놀이터에
그네가 매 맞는 나무처럼 보일 때도 있지만
빗속에 승용차에서 내려 얼른 아파트 현관으로 뛰어가는
 여자의 품 안에 강아지가 안겨 있는 것을 보기도 하였다.
 토파즈빌 114동에서도 115동에서도
 비가 오거나 말거나 열심히

고가사다리차가 이삿짐을 실어 내리고, 실어 올렸다.
오고 가는 것이 무상하고 유수와 같았다.
절뚝거리며 벚꽃이 날리는 것이 보였고, 그래서
설거지하는 아내의 등 뒤에서
푸짐한 허리를 가만히 안아 보다가
저리 비켜, 발부리에 채인 강아지처럼 나는
유순하게 비켜날 수밖에 없었다.
황사와 함께 돼지독감이 입국하는 건 시간문제라는데
내가 사는 토파즈빌 113동의 주방 쪽창으로
음식물 쓰레기를 버린 뒤 유유히 외출하는 여자가 보였다.
하릴없이 나는 풍경을 갈아 끼운다, 잔뜩 근엄한
최고통치자의 지당한 유시가 웬일로 코미디 대본으로
착각되는 때가 많은 환절기였다.

호텔 베네치아

광장에 들어서자
갓 구운 마늘빵 냄새 부드럽게 날아가는 곳,
빵가게 앞 선착장에서 시작된 우리들의 연애는
곤돌라를 타고 흥겨운 수부의 콧노랠 들으며
흘러간다. 싱싱한 가슴살
일 파운드를 도려내야 하는 젊은 안토니오,
그 린넨 망토가 허옇게 돌이 되고
얼굴도 돌로 굳어져 마침내 대리석 석상으로 선 채
어린 연인들이 휘파람 같은 별들의 소리를 찾아
고개를 쳐들고 바라보는 머리 위,
새들도 날아가다가 까맣게 멈춰 버린 지점이 있다.
바라보고 바라보노라면
저 석양 하늘은 언제나 오후 여섯 시,
가짜다, 세상은 모두 미쳤거나 가짜다.
광장 중앙에 서 있는 대리석 베니스의 상인이
보이지 않게 움직인다, 발치의 바구니에 지폐를 던

져 주면
   당신의 팔짱을 끼고
   친절한 셔터 모델이 돼 주기도 하고.
   산다는 건 속인다는 것
   저 하늘 위에 천국의 객실이 있다.
   호텔 베네치아, 하늘을 뜯어내면
   십이 성좌가 한꺼번에
   슬롯머신 속으로 좌르르 쏟아져 내릴 것이다.

제4부
유턴을 하는 동안

사과의 시간

미루나무 끈적끈적한 그늘 아래
한 줄기 길이 스타킹처럼 말아 올려지고

클레멘타인의 시간은
증발해 버렸다.
흰 살은 갈색으로 시들어 갔다.
풍문처럼 떠도는 단물 냄새를 좇는 개미들

넘어가고 넘어오는 줄넘기 속으로
뛰어들어야 하는데,
붉은 사과의 하얀 속살을 안고 빛나는
과도의 날처럼

한 줄로 이어진 사과껍질처럼 깎아지는 파도,
넓고 넓은 바닷가에
넘어오고 넘어가는 파도 위에

오막살이 집 한 채.

유턴을 하는 동안

좌회전으로 들어서야 하는데
좌회전 신호가 없다,
지나친다.
한참을 더 부질없이 달리다가 붉은 신호의 비호 아래
유턴을 한다,
들어가지 못한 길목을 뒤늦게 찾아간다.

꽃을 기다리다가 잠시
바람결로 며칠 떠돌다가 돌아왔을 뿐인데
목련이 한꺼번에 다 져 버렸다.
목련나무 둥치 아래 흰 깃털이 흙빛으로 누워 있다.

이번 세상에서 만나지 못한 꽃
그대여, 그럼
다음 생에서 나는 문득 되돌아와야 하나?
한참을 더 부질없이 달리다가

이 생이 다 저물어 간다.

당신 가슴의 서랍엔

당신의 예쁜 가슴
이 귀여운 단추를 혀끝으로 감아서
아래로 주욱 끌어내리면 발바닥이 간질간질.

초록빛 보드라운 융단에
실로폰처럼 퐁퐁 튀어 오르는 소리
색색의 빗방울을 내리는 눈 까만 구름들이 있을 거야.

이 달콤한 단추, 혀끝으로 눌렀다가
단숨에 열어 보는 서랍엔
쏟아질 듯 위태롭게 번쩍이는 아, 눈부신 천둥 번개가 한 쌍.

한 겹 한 겹 당신의 몸을 벗기면
한 마리 참새만큼 작아지고 작아져서 홀연히
모아 쥔 두 손아귀를 새어 나오는 유월의 장미 한

다발.

    당신 가슴의 서랍을 열면
    어떤 알 수 없는 기류가 회오리바람을 불러오고
    그 바람 속에 날뛰는 눈보라가 있고
    엎질러지려는 찰나의 취한 바다가 토끼처럼 웅크려
있고.

꿈꾸는 돌

나는 당신 호주머니 속에 들었어요.
당신은 나를 가졌어요.
아주 가까이 나는 당신의 심장 뛰는 소릴 들어요.

손가락에 꾹 힘을 주고 벽을 밀어요.
의심하지 말고,
조용히 숨을 멈추세요.
오래지 않아 당신 몸이 스르르 벽을 통과하듯이

다음 백 년 너랑 살자,
달 없는 밤 나를 끌어내 손잡고 도망치는 모습.
간절하게 마음속에 비춰 보세요.
단단하게 뭉치고 또 뭉쳐 보세요.

이것이어요, 꿈꾸는 돌.
이 돌 속으로 걸어 들어간 내 하얀 맨발이

달 없는 밤이면 보일 거여요.

당신 가슴에 대고, 당신 붉은 피를 스르르 흘려 넣은 한 덩이 꿈같은 사랑.
가지세요, 모두 가지세요.

내 손에 남은 봄

부드러운 능선의 칼금을 문 하늘 위로
제비가 왔다, 생일이면
내 전생에 상제의 딸을 엿본 죄로
여기 서서

담 너머 눈부신 향기가 날아오고
영롱한 구슬소리가
종일토록 늙은 벚나무 꽃잎을 털어
목욕을 마친 그대 속살의 분홍,
그대 속살의 향긋한 흰빛을
다 비춰 줄 때까지
기다린다.

후생의 내가 살아
바라보는 스스로의 옷이 문득 낯설고
오랜 기다림에 목이 말라

자꾸만 거울을 보는데
뒤꼭지 까만 밤이
발을 적실 듯 길게 흘러나온다.

사랑이여, 펼치고 펼쳐서
내 손에 남은 봄이
이제 많지 않다.

비의 향기

산초山椒나무
이파리들이 비에 젖는다
서늘한 너의 속눈썹이 생각났다.

헤어지면서 인파 속으로 사라지는
너의 등에서
문득 산초 냄새가 난 것 같았다.

새 울음소리 낭자하던
자귀나무
혼자 비를 맞는 밤.

네 젖은 몸
깊은 곳
산초나무가 있을 것이었다.

입술

매미 울음소리
붉고 뜨거운 그물을 짠다,
먼 하늘로 흘러가는 시간의 강물.

저 푸른 강에서 첨벙거리며
물고기들은
성좌를 입에 물고 여기저기 뛰어오르는데

자꾸만 눈이 감긴다.
내가 엎질러 버린 기억의 어디쯤
흐르다 멈춘 것은

심장에 깊숙이 박힌
미늘,
그 분홍빛 입술이었다.

마리안느 페이스풀*

간절하면 이루어지나 봐요, 마리안느
미안해요 당신을 간밤 꿈속에서 만났어요.
나랑 둘이서 피나콜라다를 마시기 위해
구석진 카페에 앉았는데
안타깝게도 어둠이 안개처럼 피어오르고 있었어요.
그 어둑한 두 그림자가 졸아들어
촉촉한 슬픔의 촉을 올려 오늘 내 가슴속 어딘가
키 작은 제라늄 꽃나무로 돋아나고 있어요.

당신은 낯선 곳에 가서도 나무들의 이름을 불러 주고
꽃들의 하염없이 작은 말을 귀 기울여 들어주는
착한 여인, 깊은 눈빛 아름다운 여인.

나는 당신의 발가벗은 몸에 장미 꽃다발을 바쳐요.
장미꽃으로 앙증맞은 당신의 가슴을
장미꽃으로 간지럼을 기다리는 당신의 배를

장미꽃으로 당신의 허벅지를 다리를
가볍게 가볍게 두드려요.
나를 보는 당신은 가을하늘 새털구름, 셀로판지 같은
웃음을 던져 주고

마리안느 당신의 깊은 눈동자 속에 장미꽃,
꽃잎 하나에 작은 물방울,
물방울에 갇히고 마는 오토바이 한 대.
지금 내 귓속에는 작은 새처럼
당신이 날아오는 안개 낀 새벽
오토바이의 길고 긴 폭음이 눈부신 금빛 붕붕거려요.

이제 턱 밑에서부터 지퍼를 내가 열게요.
신비로운 당신의 가슴골과
비밀스레 떨고 있는 아랫배까지 열어 갈게요.
검정 가죽슈트를 한숨에 열어서 당신의 흰 알맹이
꺼낼 거여요.
그리하여 내 입에 머금은 피나콜라다를
당신에게 부어 주고 싶어요, 마리안느
예쁜 제라늄 화분에 물을 주듯이

성당의 성수대에 성수를 흘려 넣듯이.

*망디아르그의 소설 「오토바이」를 원작으로 한 잭 카디프 감독 영화 〈그대 품에 다시 한 번(The Girl on a Motorcycle, 1968)〉에 알랭 들롱과 함께 출연한 영국 가수, 배우.

입맞춤 혹은 상처

나는 확신한다.
이 느닷없는 입맞춤이
나에게 상처가 되리라는 것을,
기도하는 마음으로
나는 너를 가만히 끌어올리고
한 개의 작은 달걀을 두 손으로 감싸듯이
플루토에서 온 이 얼굴을 바라본다.
스무 살 성처녀, 네 머리칼에서
희미하게 라일락 향기가 떠돌았고
더운 내 입술은
너의 눈 위에 포개졌다.

그리고 다음 날
또 다음 날 새가 날아갔다,
가서는 돌아오지 않았다.

그늘의 조건

슬그머니 마음 한쪽이 꺼진다.
바람 빠진 고무공처럼

당신에게 보내는 텔레파시
조여 둔 알람의 나사가 풀어진 모양이다.

찌그러진 마음의 갓길엔 늘 푸른곰팡이가 피어
그렇게 한 주일
한 달, 두 달이 가기도 한다.

웃자란 풍경 저 너머로 새가 날아오른다.

등이 가려워서
새는 모래를 끼얹어 목욕을 하고
나는 당신 눈앞에 가려운 내 등을 내민다.

당신의 햇빛을 못 받은 마음의 아래쪽은
골짜기가 깊어서
언제나 빛깔이 서늘하다.

두 개의 인상

1

다들 불 끄고 잠든 밤
앞마당 우물에 나와 끼얹는 물소리
희다.

열여덟 블라우스 흰 교복
복숭아처럼 솟은 가슴
희다.

잠들락 말락 어렴풋한
틈새로
차갑게 끼얹는 한 줄기
물소리.

2

진심으로 달라고 하면
주고 싶데요,
나는.

지나간 남의 이야기처럼
말하는 목소리
들린다.

웃고 있는 사진 속
향연香煙처럼
흰
물소리.

물 위의 오필리아 2

그래요, 한 마리 물뱀인가 봐요.
부끄러움은 차라리 부스럼처럼 아픈 무늬로 빛나는 것
햇살이 초록 그늘과 연두의 빛그늘을
빗질하며 흘러내려요.
사랑하는 이여
햇살 아래 내 부끄럼의 얼룩
흐르는 그늘 따라, 따라와 보셔요.

당신은 멀리 가서 꿈으로 오시는 이.
한때는 내 무릎 가져가 베개 삼던 다정한 이여.
그 아련한 잠을 당신은 어떻게 잊나요.
잊을 수가 있나요.
숲에서 나는 실국화를 땄어요.
머리에 운향 꽃을 꽂고
자란이며 제비꽃, 쐐기풀을 다문다문 내 머리에 꽂았어요.

화관으로 치장한 내 모습 당신은 못 보고
지금 어디서 헤매는가요.
설만들 안개 자욱한 레테 강에서 헤매는가요.
나의 기도는 하늘로 오르고
마음은 이 지상에, 냇물 위로 떠내려가요.

흘러가는 속삭임
나직나직 속삭이는 물결의 노래 나를 잠재워요.
눈부신 당신 웃음 오래 담고 싶어서
가만히 나는 눈을 감아요.
어여쁜 로빈 새로 다시 태어나고 싶은데
당신의 새벽 깨워 드리는 잿빛 보얀 가슴
사랑스런 로빈 새가 되고 싶은데……

종탑에서 내려온 까만 고깔모자
귀여운 종소리들은 지금 어디쯤 찾아왔을까요.
초록 그늘과 연두의 환한 빛,
가지런히 빗질하며
햇살은 흘러 허밍처럼 꿈결처럼 떠내려가요.

희게 말하고 희게 웃는다

아픔 위에 아픔을 붓는
밤의 크고 고요한 손을 본다.
누군가의 나직한 잠이 흐르고

잠 속으로 툭 떨어지는
빗방울이었다,
나는.

멀리서 가까이서 뿌옇게 내리는
가을의 분별,
회복할 수 없는 어둠을 토하며 지금
내 피는 닳는다.

새도록 떠다니는 잠의 바다여.

묵은 책갈피에 오래 파묻혔던

내 손은 눈을 뜬다.
목질의 가느다란 실핏줄과 물결 소리를
자욱이 풀어 준다.

사물은
내 피가 닿는 저 어둠의 뒤에서
희게 말하고
희게 웃는다.

서정抒情을 향하다

끝없는 도전의 시절

 술에 강한 자 소주 2홉, 술에 보통인 자 소주 1홉, 술에 약한 자 소주 반 홉. 수치는 잘 기억나지 않지만 소주, 약주, 탁주로 구분하여 개인의 적절한 주량을 술에 강한 자, 보통인 자, 약한 자 등으로 세분하여 써 놓은 안내판이 술집 앞에 의무적으로 세워져 있었다. 또한 그 주량을 초과한 술꾼은 적발되는 즉시 체포될 것 같은, 우습지만 우습지 않은 포고령의 시대. 그게 단기 4294년이었다. 아니, 새벽의 방송국을 점령함으로써 쿠데타를 성공시킨 그들은 단기를 곧바로 서기로 바꿔 쓰도록 하였으니 1961년이란 표기가 맞을 것이다.
 그들의 힘은 미치지 않는 곳이 없었다. 높은 산허리에 돌무더기를 쌓아 '재건'이란 구호를 먼 데서도 잘 보이게 써 놓았으며, 초등학교, 중학교, 고등학교, 대학교 교수들에게도 모택동복 같은 재건복을 입게 하였고, 인사말도 '안녕하십니까'를 쓰지 말고 '재건합시다'를 쓰도록 간단히 통일시켰다. 연말에 전주로 내려온 고려대 국문과 신입생 오홍근 형은 「거꾸로 읽어도 청산이 되는 1961년이여」라는 대학생 김재원의 시를 들려주기도 했었다. 군사 독재 30년은 그렇게 시작된 것이었다.

전주고등학교 3학년이었던 나는 그해 10월 성균관대학교에서 주최한 전국 남녀고교생 백일장대회에 나갔었다. 명륜당의 아름드리 은행나무 이파리가 세상모르고 황금빛으로 아름다웠다. 서울에서 열리는 전국 고교생 백일장은 나로서는 처음이자 마지막이었다.

> 오는 날을 위한 꽃
> 꽃다움은
> 공명할 수 없는 항아리
> 속으로 지는
> 잎새.

지난날을 잊기 어려워
차마
버릴 수 없는
곳
그 점을 두고
까악
까악
우짖는 갈가마귀.

— 배앵 돌다
아래로 떨어진다.

아아, 꿈처럼
걷잡을 수 없이
날개를 퍼덕이다
가루 된
심장.

나갈 수 없는
구멍으로

바람
불어와

오는 날을 앗아가는
항아리 안
벽.

―「오늘」 전문

　어제-오늘-내일 중의 오늘. 도망치거나 회피할 수 없는 오늘의 시간을 "항아리 안/ 벽"으로 마무리한 시였다. 오후 늦게 강평을 곁들여 입상자가 발표되었다. 입선에 내 이름은 들지 못했고 가작 입선된 몇 사람에도 내 이름은 없었다. 아, 떨어졌구나 싶었다. 차하, 차상에 입선한 이름이 불리고, 그리고 장원에 이르러 '전주고등학교 강동길'이라는 내 이름이 호명되었다. 상장을 받는 자리에서야 나는 터져 나오는 울음을 주체할 수 없었다. 돌아가시기 전에 마지막으로 뵌 고등학교 은사 양동식 국어선생님은 그 장원 작품이 당시 『현대문학』에 발표되는 기성시인의 수준에 비견될 만하였노라고 회고하셨다.

전주고등학교 입학식 날, 교장선생님이 교사 소개를 하면서, "우리 학교에는 시인 선생님이 네 분이나 계신다."고 자랑스레 소개할 때 나는 그저 덤덤히 들었었다. 신석정, 김해강, 백양촌(신근) 선생님과 『현대문학』으로 막 등단한 박희연 선생님이 그분들이었다. 생전처음 듣는 시인들이라 나는 그저 이름 없는 지방 시인인가 보다고 혼자 생각하고 말았었다.

그러다가 1학년 여름방학 작문 숙제로 처음 써 본 소설이 계기가 되어 나는 미술반에서 문예반으로 끼어들게 되었다. 신석정 선생님은 전북대학교에도 출강하시면서 우리 학교 문예반을 맡아 지도하고 계셨다. 과분하게도 문예반 소년들에게 '맥랑시대麥浪時代'라는 동인의 이름까지 지어 주시고 선생님은 우리 모두를 사랑해 주셨다. 3학년 오하근 형은 서라벌예술대학 주최의 전국 고교생 문학콩쿠르에 시가, 2학년 강일부 형은 같은 문학콩쿠르에서 소설이 당선된 쟁쟁한 서클이 전주고 문예반인 맥랑시대였다. 그 무렵 학생 잡지 『학원』은 고교생의 소설을 원고지 30매 분량으로 싣고 있었으나, 맥랑시대 동인들은 보통 70매 이상 1백 매 이상도 곧잘 써냈다. 2학년 때 낸 국판 총 110쪽의 『맥랑시대』 2집에는 이한기, 오하근, 오홍근, 강일부, 강동길, 송준오, 박기운, 이추원, 김준일의 시, 수필, 소설이 실렸고 「젊은 문학도에게」란 제하의 신석정 선생님의 서문이 얹혀 있었다.

…나는 일찍이 프랑스가 나치의 더러운 발길에 온갖 억압을 받았을 때, 국민과 더불어 젊은 문학도들이 지하에서 얼마나 치열한 투쟁을 감행했던가를 생각해 볼 때마다 문학은 선구하기에 피투성이 싸움을 했고, 그러기에 조국을 구원했던 것을 잊을 수가 없는 것이다. 그것이 문학이 걸어야 할 형극의 길인 동시에 또한 영광의 길이 아닌가 한다. 불행하게도 맥랑시대 동인이 호흡하는 오늘의 역사는 그렇게 평탄한 길이 아니다. 항상 의연한 모습으로 탁류에 항거하여 그대들이 요구하고 그대들이 살아야 할 명일을 위하여 그대들의 노래와 이야기는 역사에 앞장서서 우리 이웃과 나아가서 인류 역사에 새롭고 억센 기록이 되기를 충심으로 바라는 것이다. …

1962년 봄, 나는 가정 형편상 서울로 진학하지 못하고 전북대학교 국문과에 들어갔다. 국문과 선배들은 각 학년 40명 내지 50명쯤 북적거렸으나 우리 1학년은 군사 정권의 대학생 정원 축소 정책의 희생물이 되어 10명 정원을 채우지 못하고 기껏 여섯 명이 전부였다. 대학에서 처음으로 학생기자를 뽑는다기에 나는 대학신문사에 시험을 치르고 들어갔다.

대학 생활은 강의실보다 대학신문사가 더 좋았다. 나는 본명과 여러 개의 필명으로 시, 소설, 수필을 가리지 않고 써서 대학신문에 발표하는 게 재미있었고, 때때로 컷(삽화)도 그렸다.

1학년 겨울방학이 끝나 가는 1963년 2월에 전라북도 공보관 전시실에서 맥랑시대 동인 시화전을 열었다. 선후배가 망라된 자리로 이상렬, 손풍삼, 양선섭, 이철건 등 후배들도 함께 있었다. 그 팸플릿에 신석정 선생님의 「온실」이라는 작품명도 보인다.

내가 신문의 신춘문예나 잡지의 신인 작품 공모에 열을 올리고 도전하기 시작한 것이 아마 이 무렵부터가 아니었나 싶다. 시만 써서 응모한 게 아니었다. 소설도 쓰고, 동화도 쓰고, 시조도 쓰고 한마디로 닥치는 대로 나는 썼고 번번이 나는 낙선했다. 『현대문학』과 『자유문학』 두 문예지가 추천제도로 신인 작품을 모집하고 있었는데도 나는 좀 더 떳떳하고 큰길을 가고 싶었다. 『사상계』의 신인상이나 중앙지 신춘문예가 아니면 내 길이 아닌 것이다. 그게 신석정 선생님께 대한 제자의 도리라 생각했다.

대학신문 기자였으므로 각 대학의 대학생 현상문예 소식을 쉽게 접할 수 있었고 그것은 습작기의 내게 항상 좋은 표적이 되었다. 대구에 있는 청구대학의 청구춘추사 대학생 현상문예에 시와 소설이 당선 없는 가작으로 뽑힌 게 2학년, 그리고 이듬해에도 같은 곳에서 시가 또 당선 없는 가작으로 뽑혔는데 소설은 오영수, 시는 신동집 선생의 심사였다. 3학년 늦가을 경북대학보사의 대학생 문예에 나는 처음으로 시 「사자死者공화국」이 '당선'되었다. 김춘수 선생이 심사한 자리였다.

대학신문사에서 받는 적은 월급과 고료로 나는 『현대문학』이나 『문학춘추』 같은 문예지를 읽어 보는 것이 큰 즐거움이었다. 고서점을 들락거리며 백수사에서 낸 한국단편문학전집 두어 권을 사서 읽기도 하고, 월부로 큰맘 먹고 산 신구문화사의 『세계전후戰後문학전

집』몇 권은 내 알뜰한 문학 교과서가 되기도 했다. '시론詩論'을 강의해 줄 교수가 없었으므로 학교에서는 김현승 시인을 초빙해서 특강 형식으로 강의하기도 했고, 4학년 여름에는 고려대 김종길 교수를 초빙하기도 했다.

그해 봄 나는 고대신문사의 대학생 현상문예에 「내 이마의 꽃밭에서」라는 시가 또 당선 없는 가작으로 뽑혔었기에 김종길 교수와의 만남은 정말 뜻 깊은 것이었다. 한번은 그 작품에 대해서 조용히 여쭤 보았더니 빙그레 웃으시며 "그건… 가작佳作이지." 하는 한마디뿐이었다.

시 창작에 관한 이론서가 지금은 넘쳐날 정도로 많지만 당시로서는 『시의 원리』나 『문장강화』 그리고 유치환, 박목월, 장만영 시인들의 자작시 해설집이 고작이었다. 그 가운데 내가 읽은 것으로는 장만영 시인의 책이 그래도 쉽고 인상 깊었었는데, 김종길 교수의 동서양을 활달하게 넘나드는 시론 특강은 내게 벼락이 치는 듯이 눈이 번쩍 뜨여지는 탁월한 시론이었다. 시의 이미지, 운율, 비유, 상징을 비로소 나는 알게 된 것이었다. 아무것도 모르는 상태에서 나는 무작정 쓰기만 해 왔던 것이었다. 나는 지금도 신석정, 김수영 두 분 시인을 내 시정신의 스승으로 흠모하는 동시에 김종길 시인을 시론의 은사님으로 마음속에 깊이 모시고 있다.

1965년 봄 전북일보 신춘문예에 「당신 앞에서」로 또다시 당선 없는 가작에 머물렀던 나는 김광림 시인이 주재하는 『현대시학』이라는 월간 시지에 「귓밥 파기」를 응모하여 신인 작품으로 처음 문예지에 활자화되는 기쁨을 얻었다.

돌아보면 내 젊은 날은 문학 말고는 다른 아무것도 내가 목숨을 걸고 추구할 만한 가치가 있는 게 없었다. 어느 해 여름방학 기간 중에는 하루에 한 편씩 50편의 시를 써 보기로 작정하고 또 그렇게 쓰기도 했다. 대학 졸업 전까지는 기필코 문단에 당당히 나서리란 일념으로 나는 고집스레 쓰기만 했다.

졸업을 앞둔 1965년 겨울의 크리스마스이브를 잊을 수 없다. 동아일보사에서 '신춘문예 당선 통지서'를 보내온 것이었다. 하지만 그 눈부신 기쁨은 사흘 만에 사라져 버렸다. 열흘 전 전북대학신문에 발표된 작품이므로 당선을 취소한다는 사연과(그런 규정이 명문화된 것은 그다음 해부터지만) 내가 보낸 당선소감이 반송되어 온 것이었다. 아마 심사평을 다시 썼을 것이다. 심사위원 조지훈, 김현승 시인이 내 시 「1965」와 「빙하기」에 대해 알쏭달쏭한 선후평을 쓸 수밖에 없었던 것은 그런 사정에서였다.

1966년 1월 1일, 동아일보 신춘문예 당선작이 궁금했다. 「빙하기」의 이가림(이계진), 그는 바로 내 고교 동창 친구가 아닌가. 친구의 카추샤 부대 주소가 너무도 낯익었다. 문예반을 기웃거리지도 않고 아무도 몰래 혼자서 문학의 외길을 밟던 그 친구였다.

그해 봄 교직에 들어선 나는 여름철에 문고판 크기의 첫 시집 『이상기후』를 냈다. 물론 당선된 뒤 취소된 「1965」를 포함한 30여 편의 시를 담고 300권밖에 못 찍은 처녀시집이었다. 첫 시집의 참담한 기쁨이란 어쩌면 미혼모 같은 심정과 같은 것이었다. 그리고 이듬해 1967년 「대운동회의 만세소리」가 조선일보에 당선되었다. 김수영, 박태진 시인 두 분이 심사위원이었다.

> 지각생이 뒤늦게 교실 문 앞에 다가와 머뭇거리는, 꼭 그런 심정이다. 지금껏 낙선을 한 횟수가 아

마 이십 번쯤은 될 거라. 너무 늦었어. 「대운동회의 만세소리」는 입체적 구성 방법을 시도했을 뿐, 작년에 퇴학 맞은 「1965」와 같은 계열이지. 구경꾼들이 다 흩어져 가 버린 지금에 와서 내 무슨 케네디라고 혼자서 무대도 없는 연극을 해야 하나. 날도 저물었는데, 참말로 죽을죄를 진 성싶다.

  그때의 솔직한 심경을 쓴 당선소감이다. 대학 졸업까지는 기필코 등단하고야 말리라는 열망을 한 해 늦춘 결과였다. 그래서 당선의 기쁨은 하나도 눈부시지 않았다. 쓸쓸하고 허허롭기만 할 뿐이었다. ⊙

1979년 봄의 강인한 시인